AF371195

SOCIÉTÉ ACADÉMIQUE INDO-CHINOISE
DE PARIS
POUR L'ÉTUDE SCIENTIFIQUE ET ÉCONOMIQUE DE L'INDE TRANSGANGÉTIQUE
DE L'INDE FRANÇAISE ET DE LA MALAISIE

RAPPORT

sur la possibilité d'établir des relations commerciales

ENTRE

LA FRANCE ET LA BIRMANIE

ADRESSÉ A M. LE MARQUIS DE CROIZIER
PRÉSIDENT DE LA SOCIÉTÉ ACADÉMIQUE INDO-CHINOISE DE PARIS

PAR

Louis Vossion,

MEMBRE DE LA SOCIÉTÉ ACADÉMIQUE INDO-CHINOISE DE PARIS, DÉLÉGUÉ GÉNÉRAL
DE LA SOCIÉTÉ A MANDALAY, CHARGÉ D'UNE MISSION SCIENTIFIQUE
EN INDO-CHINE PAR LE MINISTRE DE L'INSTRUCTION PUBLIQUE
ET DES BEAUX-ARTS

PARIS
AU SIÉGE DE LA SOCIÉTÉ
9, rue du Quatre-Septembre
1879

SOCIÉTÉ ACADÉMIQUE INDO-CHINOISE DE PARIS

POUR L'ÉTUDE SCIENTIFIQUE ET ÉCONOMIQUE DE L'INDE TRANSGANGÉTIQUE,
DE L'INDE FRANÇAISE ET DE LA MALAISIE

RAPPORT

sur la possibilité d'établir des relations commerciales

ENTRE

LA FRANCE ET LA BIRMANIE

ADRESSÉ A M. LE MARQUIS DE CROIZIER

PRÉSIDENT DE LA SOCIÉTÉ ACADÉMIQUE INDO-CHINOISE DE PARIS

PAR

Louis Vossion

MEMBRE DE LA SOCIÉTÉ ACADÉMIQUE INDO-CHINOISE DE PARIS
CHARGÉ D'UNE MISSION SCIENTIFIQUE EN INDO-CHINE
PAR LE MINISTRE DE L'INSTRUCTION PUBLIQUE
ET DES BEAUX-ARTS

MONSIEUR LE PRÉSIDENT,

J'ai l'honneur de vous adresser le présent rapport, relatif à la possibilité d'amener des relations commerciales entre la Birmanie et la France.

Bien que je n'appartienne pas au corps consulaire, un séjour de plus de quatre années dans la vallée de l'Iraouaddy, ma connaissance de la langue et des mœurs du pays, l'intimité du roi et des ministres, mon titre de membre de la Société et de missionnaire scientifique du ministre de l'instruction publique et des beaux-arts, mes relations constantes avec la population indigène, l'étude attentive des marchés de Rangoon et de Mandalay m'ont permis de réunir des documents importants desquels il ressort qu'il y aurait pour la France une large place à occuper en Birmanie au point de vue commercial, et une série de débouchés nouveaux à ouvrir pour plusieurs de nos industries.

Ce sont ces documents, Monsieur le Président, dont je désire placer un court résumé sous vos yeux, afin de remplir ce que je considère comme un devoir, c'est-à-dire d'indiquer au commerce et à l'industrie, par l'intermédiaire de la Société Indo-Chinoise, créée surtout dans le but patriotique d'étudier ces questions, les nouveaux débouchés qu'ils peuvent trouver dans les riches et vastes contrées que je viens de parcourir.

Birmanie géographique. — La Birmanie, géographiquement parlant, est formée par la large vallée de l'Iraouaddy. Ce fleuve immense coule vers la mer dans une direction N.-S. à peu près constante. Il est navigable pour navires à vapeur jusqu'à la ville de Bahmo, c'est-à-dire jusqu'à environ douze cents kilomètres de son embouchure.

Birmanie politique. — Politiquement, cette vaste vallée se divise en deux parties distinctes : l'une, la Birmanie anglaise, qui s'étend depuis la mer jusqu'à 400 kilomètres environ dans l'intérieur, et l'autre, la Birmanie indépendante, gouvernée par un souverain dont la capitale est à Mandalay, près des anciennes villes d'Ava, d'Amerapoora, comme le montre la carte ci-jointe.

Voies de communication. — Les communications entre Rangoon et Mandalay par la voie du fleuve, sont établies par les navires à vapeur de l'*Iraouaddy Flotilla Steam navigation Company Limited*, qui possède une flotte de douze steamers et d'une trentaine de « flats » ou grandes barges latérales. Deux fois par semaine, et quelquefois trois fois quand le service l'exige, les vapeurs de la Compagnie partent pour Mandalay, et deux fois par mois pour Bahmo.

Le port de Rangoon est entre les mains des Anglais depuis 1853 ; le commerce de la vallée et le transit ont augmenté dans des proportions considérables, et Rangoon est devenu, après Calcutta, le port de commerce le plus considérable de la baie du Bengale. C'est par Rangoon que passent tous les produits d'importation et d'exportation venant de la Haute-Birmanie, ou à destination de ce pays.

Les chiffres qui suivent sont extraits des rapports officiels du gouvernement anglais au Parlement sur les douanes, le commerce de la Birmanie anglaise pour les années 1874-75-76. (Report on the trade and customs of British Burmah for the years 74-75-76, printed at the government Press, Rangoon, 1876.)

Le commerce annuel moyen d'importation dans les Birmanies anglaise et indépendante par Rangoon, s'élève à . . . . Fr. 118.099.533

Le total des exportations étant de. . . 95.185.160

Total général. . . . . Fr. 213.284.693

Les importations les plus importantes sont :

Les tissus de coton de tout genre, robes, tissus blancs, cotons imprimés.

Les tissus de soie façonnés.

Les foulards de soie imprimés.

Les foulards de soie brochés et façonnés.

Les draps de couleur et les tapis.

Les flanelles blanches et de couleur.

Les mousselines fines et demi-fines.

Les satins blancs.

Les tulles.

Les velours, rouge et noir.

Les fils de coton.

Les ombrelles,

La porcelaine et la verrerie.

Les provisions diverses.

Les liquides, vins et esprits.

La papeterie et articles de Paris.

Les machines,

Les fers manufacturés et divers autres articles de détail.

Les exportations les plus importantes sont :

Détails des exportations.

Le riz.

Le bois de teck.

Le coton.

Le cachou jaune et brun.

La gomme laque orange.

La résine.

Les gommes.

Les graines de sésame et de ricin.

Le caoutchouc.

Les peaux et cornes de buffles,

Le curcuma.

L'ivoire.

Le jade.

Le bois jaune.

Les bois d'ébénisterie.

Les drogueries diverses.

Le pétrole.

Les essences.

Les pierres précieuses, et spécialement, les rubis et les émeraudes.

Le riz est l'article le plus important d'exportation ; il s'en charge environ 110,000 tonnes par an, à destination de l'Angleterre, de l'Italie et des côtes de l'Inde où la famine sévit. Le bois de teck forme le deuxième article comme importance. Les forêts de la Birmanie sont riches en bois de teck, ainsi qu'en acajou et autres bois d'ébénisterie ; elles contiennent également toutes les substances tinctoriales, les gommes, les drogueries pour lesquelles nous sommes souvent tributaires des marchés anglais. *(Riz et bois de teck.)*

L'importation des soieries est d'environ 17 à 18 millions de francs ; celle des cotonnades diverses est de 19 millions, celle des lainages et des draps de couleur d'environ 5 millions. Les soieries comprennent la robe des hommes (ou patsos), la robe des femmes (ou tamins), en soies façonnées, les foulards divers, les bordures de robes. On fabrique aussi à Mandalay quelques soieries avec des soies de Canton que la « British India Company » apporte de Singapoor : la valeur de cette importation est d'environ 2 millions de francs par année. *(Importation des tissus.)*

Le mouvement du port à Rangoon comprend l'entrée et la sortie de 850 navires, année moyenne, donnant un tonnage d'environ 570,000 tonnes. *(Mouvement du port.)*

Les quatre-cinquièmes de ces navires portent pavillon anglais. Le reste comprend des navires allemands, italiens, suédois et très-peu de français.

Les marchandises entrant à Rangoon paient un droit de 5 °/₀ *ad valorem* ; celles en transit pour la Haute-Birmanie paient, d'après le traité de 1862, un simple droit de transit de 1 °/₀.. *(Douanes.)*

Parmi les produits exportés, environ 65 °/₀ se rendent en Europe par le canal de Suez, 30 °/₀ vont dans les *(Destinations des Exportations.)*

ports de l'Inde, spécialement Calcutta, Madras, Pondi-
chéry, Viziganapatam, Tuticorin, Bombay, etc. ; le reste,
5 %, va dans les ports de l'Aracan et du Tenasserim,
Penang, Moulmeïn, Bassein, Akyab, Chittagong.

Fabrication. — Les Birmans n'ont pas de modes changeantes ; ils res-
tent fidèles à leur tradition ; la principale condition à
remplir pour les articles de soieries et de cotonnades
est de se conformer à leur coutume qui est invariable.
Ils apprécient extrêmement la finesse et la beauté spé-
ciales à tout article français.

Conclusion. — Il y a à notre avis, à Rangoon et à Mandalay, un
débouché considérable ouvert à notre commerce et à
notre industrie. Les diverses branches de la soierie ont
là, entre autres, un marché nouveau.

Consulat de Rangoon. — En présence d'un commerce aussi considérable que
celui que dénotent à Rangoon les chiffres d'exportation
et d'importation que j'ai cités plus haut, il y aurait lieu
d'avoir, dans cette grande place commerciale, un consul
à poste fixe, appartenant à la carrière des consulats et
pouvant envoyer chaque année au ministère du commerce les renseignements et les échantillons nécessaires.
La France y est actuellement représentée par un agent
consulaire, lequel est, en même temps, consul de
Belgique et d'Italie,

Consulat de Mandalay. — En outre, en dehors de toute considération basée sur
notre possession de la Cochinchine et de notre rôle
futur dans l'Indo-Chine, quand l'Annam et le Tonking
seront colonies françaises il serait nécessaire, au point
de vue commercial pur, d'avoir à Mandalay, auprès du
roi de Birmanie, un agent consulaire français, connais-
sant la langue, les mœurs et le pays. L'Italie et l'Angleterre y sont seules représentées et l'Italie n'a pas

des intérêts comparables aux nôtres dans cette partie du monde.

A cet effet, il serait bon de reprendre et de signer définitivement le traité de commerce sur le pied de la nation la plus favorisée, que M. de Rémusat, alors ministre des affaires étrangères (73-74), avait conclu avec la Birmanie, et que M. le comte de Rochechouart, nommé envoyé extraordinaire à Mandalay, ne parvint pas à faire ratifier par le dernier roi, par suite de raisons toutes personnelles qu'il n'y a pas lieu d'exposer ici. Le gouvernement birman est prêt à signer ce premier traité que la Chambre avait approuvé.

Un vœu de la Société académique Indo-Chinoise, que vous présidez, et des diverses Chambres de commerce intéressées à la question, au point de vue de la soierie, des tissus et des produits naturels, un vœu dans ce sens, dis-je, adressé à M. le Ministre du Commerce et à M. le Ministre des Affaires étrangères, serait de nature à faire accélérer la solution désirée, et à procurer à notre pays, avec un débouché nouveau, un champ d'affaires plein d'avenir que je serais heureux d'avoir été le premier à lui signaler.

J'ai l'honneur d'être, Monsieur le Président,

Votre très-respectueux serviteur,

Louis VOSSION.

Mandalay (Haute-Birmanie), 12 janvier 1879.

IMPRIMERIE CENTRALE DES CHEMINS DE FER. — A. CHAIX ET Cⁱᵉ,
RUE BERGÈRE, 20, A PARIS. — 14228-9.

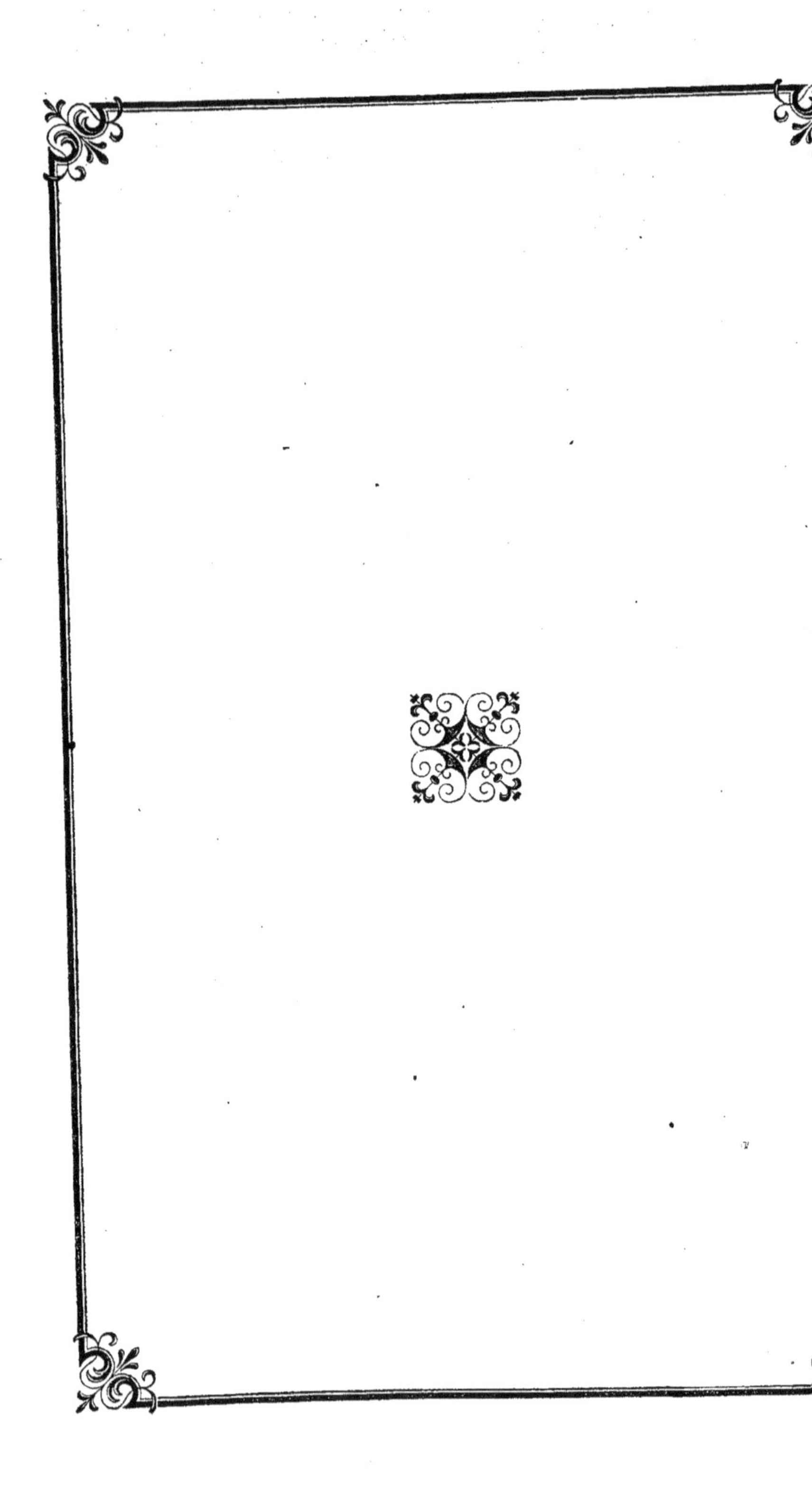

www.ingramcontent.com/pod-product-compliance
Lightning Source LLC
LaVergne TN
LVHW010806180726
843502LV00011B/4375